Une équipe de choc

L'habitat de vos petits voltigeurs 22
Les accessoires 24
Nouer des liens d'amitié 26
Bien se comporter avec vos ondulées .. 28
Comprendre vos ondulées 30
La socialisation 32
L'alimentation 34
Les aliments frais 36
Divertir vos oiseaux 38
Épanouis et en forme 40
En balade 44
ZOOM Apprendre à parler à vos perruches 42

La manière adéquate d'héberger vos ondulées, de les nourrir et de les occuper.

Des soins et de l'affection

Les soins 48
Prévenir les maladies 50
Les maladies 52
Ce que vous pouvez faire 54
La reproduction 56
ZOOM Naissances chez les ondulées 58

Apprenez à vous occuper de vos oiseaux quand ils sont malades ou que la famille s'aggrandit.

Sommaire

Une personnalité haute en couleur

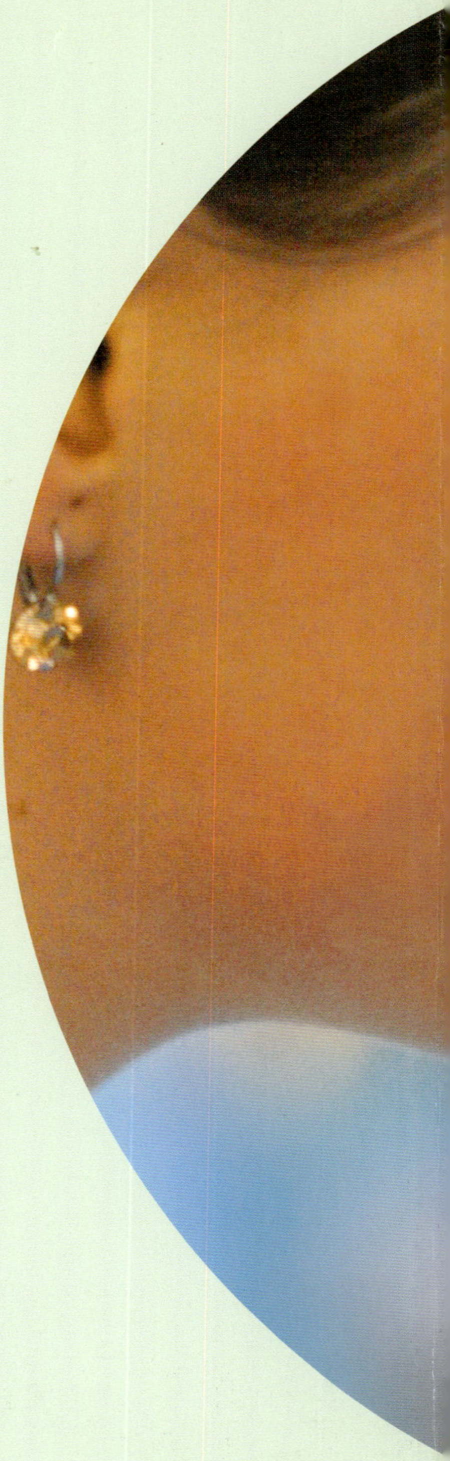

Difficile de croire qu'un oiseau aussi petit puisse abriter une personnalité aussi immense ! Les individus les plus téméraires se montreront avides d'aventure, alors que les plus timides prendront leur temps avant de se décider à nouer des liens avec l'homme. Quel que soit le caractère de vos oiseaux, leur comportement social très évolué ne pourra s'exprimer pleinement qu'en présence d'un congénère à leurs côtés ; ce n'est qu'ainsi qu'ils pourront être vraiment heureux.

Si vous les soignez correctement, que vous les laissez voler chaque jour en liberté, que vous vous montrez attentionné et bienveillant, vos perruches vous laisseront volontiers vous immiscer dans leur petite vie, avec ses hauts et ses bas, ce qui vous procurera beaucoup de plaisir au quotidien. Vous pourrez admirer des figures aériennes à couper le souffle et des acrobaties audacieuses, et vos perruches vous laisseront participer à toutes leurs entreprises !

Si vous accordez beaucoup d'attention à vos joyeux pensionnaires, que vous répondez comme il faut à leurs modestes besoins et que vous prenez le temps de vous lier d'amitié avec eux, ces oiseaux sociables vous accorderont toute leur confiance et viendront volontiers se percher sur votre épaule et jouer avec vous ; vous formerez alors une sacrée équipe !

4 | À la découverte des ondulées

Curieux, sociables, intelligents et entreprenants, voilà des qualificatifs parfaits pour ces petits oiseaux venus d'un continent lointain, qui ont su conquérir notre cœur !

Les ondulées adorent grignoter et explorer les objets avec leur bec. Cela fait partie de leurs occupations favorites !

Connaître les ondulées

8 L'origine des perruches ondulées

10 Des aptitudes fascinantes

12 Les traits distinctifs

14 Une grande variété de mutations

16 Êtes-vous faits l'un pour l'autre ?

ZOOM 18 Bien choisir ses oiseaux

L'origine des perruches ondulées

Les perruches ondulées font partie des oiseaux de compagnie les plus appréciés. Il n'y a rien d'étonnant à cela, car ces petits boute-en-train sympathiques et sociables apportent beaucoup de joie à leurs propriétaires. Toutefois, pour que ces qualités puissent pleinement s'exprimer, les perruches doivent bénéficier des meilleures conditions de vie possibles. C'est pourquoi vous devez connaître le mode de vie des ondulées dans leur environnement naturel, afin de vous en inspirer.

Les perruches ondulées sont des oiseaux très sociables, qui vivent en bande et installent leurs nids sur les mêmes arbres.

L'habitat naturel

Ces petits oiseaux survoltés nous viennent d'Australie. Les régions semi-arides et les steppes qui constituent leur habitat naturel semblent bien inhospitalières. Les températures varient énormément entre le jour et la nuit et l'année est ponctuée de longues périodes de sécheresse. Les perruches ondulées se sont formidablement bien adaptées à cet environnement extrêmement rude. Ainsi, elles vivent en bandes de 20 à 50 individus. Elles s'apportent mutuellement chaleur et sécurité dans leur quête de nourriture, qui les contraint à parcourir de très grandes distances. Les volées qui se forment alors peuvent compter un millier d'oiseaux, voire plus.

▸ **La pluie, source de vie :** lorsque la pluie tant espérée tombe enfin, transformant les zones semi-arides et les steppes en paysages fleuris, verdoyants et luxuriants, l'heure de la reproduction sonne. Les couples ne perdent pas de temps et partent à la recherche d'un nid, de préférence un trou d'eucalyptus. Le calendrier a son importance, car les graines mi-mûres des graminées qui poussent à cette période constituent la principale nourriture des jeunes ; et celles-ci ne sont disponibles en quantité suffisante qu'après la saison des pluies.

Les ondulations noires visibles sur la tête, le dos et les ailes des oiseaux sont caractéristiques de cette espèce, et font de chaque oiseau un individu unique.

La perruche ondulée comme oiseau de compagnie

Les premiers spécimens vivants ont été introduits en Angleterre en 1840 par le chercheur John Gould. Facile à soigner et à reproduire, cette jolie perruche s'est rapidement répandue en Europe, où elle n'a cessé de gagner en popularité auprès des éleveurs et autres amateurs d'oiseaux. Toutefois, le nombre croissant d'élevages n'a pas suffi à satisfaire la demande, et des milliers d'oiseaux ont dû être importés en Europe au cours des décennies suivantes. Un grand nombre d'entre eux y a laissé la vie. Pour sauvegarder sa population de perruches, le gouvernement australien a interdit les exportations en 1894. Il existe aujourd'hui des milliers d'éleveurs, regroupés au sein d'associations, qui se consacrent à l'élevage des perruches ondulées. Ainsi, de nombreuses autres mutations magnifiques sont venues s'ajouter à la couleur verte de la perruche sauvage.

▸ **Il y a plusieurs raisons d'apprécier la perruche ondulée** en tant qu'oiseau de compagnie : elle a des besoins modestes, faciles à satisfaire. Sa nature gentille, sa curiosité et sa soif de découverte en font un animal très divertissant, d'autant qu'elle s'attache facilement à l'homme.

À SAVOIR

→ **Comme leur nom l'indique**

Les perruches ondulées vient doivent leur nom aux ondulations visibles sur leur tête et leur dos.

Les aborigènes australiens les nomment « betcherrygah », ce qui signifie « bonne nourriture » ou « joli oiseau », d'où leur nom anglais « budgerigar ».

Des aptitudes fascinantes

La vie dans les steppes et les zones semi-arides australiennes n'est pas une partie de plaisir. Leurs habitants doivent être donc bien adaptés pour pouvoir supporter ces conditions de vie souvent rudes. Leur constitution, leurs sens, leurs capacités et le comportement social n'évoluent pas de manière aléatoire, mais sont la conséquence d'une adaptation à ces conditions de vie et à l'offre de nourriture.

Qu'un oiseau si petit possède des sens aussi développés et aussi spécialisés est étonnant.

Les sens

Ils permettent aux oiseaux de trouver de la nourriture, de réagir rapidement aux attaques des prédateurs et de communiquer avec leurs congénères.

▸ **Les yeux** des oiseaux diffèrent de ceux des mammifères. La paupière inférieure est la plus mobile, la paupière supérieure étant pratiquement fixe. À l'intérieur de la tête, seule une mince paroi sépare les globes oculaires. Ainsi, en cas d'accident, il y a de grands risques que les deux yeux soient touchés. Du fait de la position latérale de leurs yeux, les ondulées possèdent un champ de vision très large. Elles compensent la faible mobilité de leurs yeux par des mouvements de tête rapides, ce qui leur permet de repérer rapidement leurs prédateurs. Elles peuvent d'ailleurs tourner la tête à 360° et voir ainsi ce qui se passe derrière elles. Toutefois, lorsque la lumière décline, elles perçoivent moins bien les mouvements. En revanche, elles perçoivent parfaitement les couleurs, ce qui joue un rôle important dans leur alimentation.

▸ **Les oreilles** sont dissimulées par les plumes. Elles prennent la forme de petites ouvertures situées en arrière des yeux. L'ouïe est bien développée et joue un rôle très important dans la communication avec les congénères. De même, les oiseaux apprendront rapidement à reconnaître votre voix. L'organe de l'équilibre se situe à l'intérieur des oreilles. Si cet organe est affecté par une maladie, l'oiseau n'est plus en mesure de se percher ou de voler. Ainsi, le maintien de la tête en position inclinée doit toujours être considéré comme un signal d'alarme à prendre très au sérieux.

▸ **Seule la partie inférieure du nez** est tapissée de cellules olfactives. Bien que l'odorat ne soit pas le point fort des oiseaux, ils sont capables de différencier de nombreuses odeurs. En vol, certains oiseaux semblent même s'orienter en fonction de celles-ci. Vous devez éviter d'exposer vos perruches à des odeurs fortes, qui peuvent irriter leurs voies respiratoires.

▸ **Les papilles gustatives** sont disposées à la base de la langue, qui sert aussi à « tester » la nourriture. La langue est également munie de corpuscules tactiles, qui permettent aux oiseaux d'évaluer la nature des objets et des aliments en les mordillant.

Vos compagnons à plumes *adorent voler. En vol, leurs sens exceptionnels jouent un rôle très important.*

Les ondulées ont-elles d'autres sens ?

L'incroyable sens de l'orientation des oiseaux, qui leur permet de voyager d'un continent à un autre, fascine l'homme depuis toujours. Toutefois, les facultés déployées par les oiseaux migrateurs pour parcourir des milliers de kilomètres en sachant où ils vont sont encore mystérieuses. Pour l'instant, aucune recherche approfondie n'a été menée. Si de nombreux oiseaux utilisent leur vue pour s'orienter, comment font-ils pour garder le cap la nuit, ou lorsqu'ils traversent de gros nuages ? Les perruches ondulées parcourent de très grandes distances pour trouver de la nourriture, et semblent savoir exactement où il a plu et dénicher les points d'eau et les zones où la nourriture abonde.

Les traits distinctifs

Il se passe toujours quelque chose dans un groupe de perruches ondulées ! Elles jouent, se disputent les friandises, bavardent joyeusement, et semblent toujours chercher un tour à jouer…

Des numéros de voltige impressionnants

Les perruches sauvages se déplacent toujours en bande. Comme toutes les autres perruches, ce sont de véritables voltigeuses qui réalisent des numéros tout à fait impressionnants. La coordination dont elles font preuves lorsqu'elles se déplacent en bande est particulièrement étonnante – elles sont en effet capables virer soudainement de bord. Une volée n'est pas un simple rassemblement

Les repas se déroulent sans bagarres, les altercations violentes sont rares.

d'oiseaux, elle forme un tout. Les oiseaux n'entrent jamais en collision. Le comportement naturel de vos oiseaux ne pourra s'exprimer pleinement que si vous leur laissez la possibilité de voler en liberté chaque jour. Ainsi, ils resteront vifs et en bonne santé.

Les gestes de tendresse manifestent l'attachement et renforcent les liens du couple.

Les joies de l'escalade

De périlleuses séances d'escalade doivent également figurer au programme de vos petits compagnons afin qu'ils gardent la forme et puissent satisfaire leur comportement naturel. Ces oiseaux agiles n'ont aucun mal à escalader les barreaux de leur cage, une corde ou une branche en s'aidant de leurs pattes et de leur bec puissant pour atteindre des aliments difficiles d'accès. Vous devez simplement leur offrir suffisamment d'opportunités.

Des couples fidèles

Les couples de perruches ondulées passent toute leur vie ensemble. Ils sont très amusants à observer. Cette fidélité jusqu'à la mort a également une raison biologique : lorsque la pluie tombe et que toutes les conditions sont réunies pour la reproduction, les couples n'ont plus qu'à trouver un nid. Les oiseaux ne « perdent » pas de temps à chercher un partenaire et à lui faire la cour.

À SAVOIR

Une fine équipe

Lorsque deux perruches s'apprécient et sont prêtes à former un couple, elles ont beaucoup d'activités communes.

Elles coordonnent la plupart de leurs mouvements et sont souvent inséparables.

Ce phénomène est intéressant à observer au moment de la toilette, car les mouvements du couple sont souvent synchrones.

Le couple dort et mange également ensemble, et suit le même emploi du temps pendant la journée.

Une grande variété de mutations

Le plumage des ondulées se caractérise par une large palette de couleurs et des dessins magnifiques.

Les perruches ondulées vendues en animalerie n'ont généralement pas la même morphologie que celles destinées aux expositions et aux concours. Ces dernières, dites « standards » ou « anglaises » sont plus trapues et possèdent une tête plus grosse. Alors que l'éleveur accordera de l'importance à certaines mutations, les ondulées « normales » se caractérisent par une corpulence plus fine, et leurs couleurs correspondent rarement à celles définies par le standard. Quiconque recherche simplement de gentils compagnons optera plutôt pour des perruches « normales ». Voici ci-contre quelques belles mutations.

Série verte

Les perruches sauvages vivant en Australie sont toutes vertes. On trouvera à de très rares occasions un oiseau bleu ou jaune perdu au milieu de la multitude d'oiseaux de couleur normale.

▸ **Un mauvais camouflage :** les chances de survie d'un tel oiseau sont très minces, car sans la couleur verte, un rapace le repérera plus facilement, même au beau milieu de la volée.

▸ **Jeux de couleurs :** le vert n'est pas une couleur à proprement parler, il est issu de la combinaison de deux couleurs primaires. Quiconque a déjà fait de l'aquarelle sait que le mélange du jaune et du bleu donne du vert. La nature procède à des mélanges similaires, mais le processus est un peu plus compliqué !

Panachage léger

La capacité à synthétiser les pigments qui définissent la couleur de la perruche est déterminée génétiquement.

▸ **Le type sauvage :** le vert des perruches sauvages résulte de la combinaison d'un pigment, la psittacine, donnant la couleur jaune, et de la structure de la plume, reflétant le bleu. Si l'un de ces facteurs manque, l'oiseau est soit jaune, soit bleu, ce qui est très rare dans la nature.

▸ **Les mélanges de couleurs :** chez les perruches vertes, c'est le mélange de la mélanine (qui réfléchit les ondes bleues de la lumière) et de la psittacine qui créé la couleur verte. Les perruches bleues ne synthétisent que la mélanine, d'où leur couleur. Les perruches jaunes ne synthétisent pas la mélanine, et les blanches ne synthétisent aucune des deux.

Série bleue

Les différentes nuances connues aujourd'hui ainsi que le panachage des couleurs (perruches dites « pie ») sont le résultat de mutations et s'expliquent par ce phénomène simple.

▸ **Les limites :** toutefois, les couleurs ne sortiront jamais du champ des bleu-jaune-vert-blanc-gris. La couleur rouge n'existe pas chez cette espèce, c'est pourquoi elle n'apparaît jamais ; au grand dam de certains éleveurs ambitieux, qui en rêvent !

▸ **La sélection :** les perruches n'accordent absolument aucune importance à la couleur de leur partenaire. Les éleveurs, en revanche, en tiennent compte pour former les couples : ils cherchent ainsi à obtenir des mutations bien particulières. Pour obtenir les résultats escomptés, il suffit de mettre en pratique les principes de la génétique.

Albinos

Les croisements ne cessent d'engendrer de nouvelles mutations, que ce soit en termes de couleurs ou de dessins. Les exemples sont nombreux dans la nature et dans les élevages.

▸ **Les premières variantes :** la première mutation connue est une perruche jaune apparue en Belgique en 1872. Aujourd'hui encore, cette mutation est très appréciée de nombreux amateurs de perruches.

▸ **Les mutations :** une deuxième mutation n'a pas tardé à suivre. Les premières perruches bleues sont apparues dès 1872. Il existe également des mutations qui nuancent les couleurs de base, comme le facteur foncé, qui donnera du bleu foncé ou du vert foncé. Les albinos sont apparus pour la première fois en Allemagne en 1932. Ils ne synthétisent aucun pigment, et sont donc entièrement blancs et ont les yeux rouges.

Panachage intense

Il existe aujourd'hui de nombreuses mutations, qui comportent elles-mêmes de nombreuses variantes. Souvent, seuls des spécialistes sont capables de faire la différence, en s'appuyant sur des détails infimes.

▸ **De grandes ambitions :** de nombreux éleveurs se consacrent corps et âme aux mutations définies par les standards des organisations d'éleveurs. Il existe même des mutations qui modifient la forme des plumes des oiseaux.

▸ **Aux frontières du naturel ?** Ainsi, il existe des perruches dites huppées ou couronnées dont les plumes de la tête poussent dans tous les sens ou forment une sorte de « queue-de-cheval », et d'autres dont les plumes sont anormalement longues. Toutefois, on est en droit de se demander si on ne s'écarte pas un peu trop de la nature…

Êtes-vous faits l'un pour l'autre ?

Avant d'acheter vos perruches, vous devez réfléchir à ce que vous souhaitez.

Deux, c'est mieux !

Chacun sait que les perruches ondulées sont des animaux de nature très sociable. Dans leur habitat naturel, les perruches ne vivent jamais seules. Après avoir quitté leur bande d'origine, les jeunes oiseaux vivent pendant quelques mois dans une bande plus importante. Ils choisissent ensuite un partenaire, avec lequel ils resteront probablement toute leur vie. Ainsi, il serait cruel de condamner par la suite ces oiseaux à une vie de solitude. Quiconque a déjà compté le temps consacré par un couple à la toilette mutuelle et autres papouilles avouera qu'il n'aura jamais lui-même le temps ni la patience de s'occuper autant de sa perruche. C'est pourquoi un véritable ami des animaux refusera de condamner une créature aussi sociable à la solitude.

Réfléchissez bien...

- Les coques des graines salissent rapidement le pourtour de la cage. Êtes-vous prêt à le tolérer ?
- Lorsque les oiseaux se promènent en liberté, ils déposent leurs fientes un peu partout ou peuvent abîmer les meubles avec leur bec. Êtes-vous prêt à fermer les yeux ?
- Connaissez-vous une personne fiable qui pourra prendre soin de vos oiseaux en votre absence ?
- Pourrez-vous trouver un emplacement adapté pour la cage ?
- Tous les membres de votre famille sont-ils d'accord pour accueillir ces nouveaux pensionnaires ? L'un d'entre eux souffre-t-il d'allergies ? Quel membre de votre famille s'occupera des oiseau ?

L'adoption de deux oiseaux permettra d'avoir la conscience tranquille.

Mâles ou femelles ?

Si vous tenez absolument à apprivoiser vos oiseaux, commencez par en adopter un, puis attendez deux ou trois semaines avant d'adopter le second. Ces quelques semaines vous suffiront à apprivoiser les jeunes perruches si vous vous en occupez suffisamment. Lors de son arrivée, le second oiseau, jeune également, prend exemple sur le premier, et se lie encore plus rapidement à son propriétaire. Pas de risques de nichées non désirées, car la reproduction est facile à contrôler : sans nid, pas d'accouplement ! En outre, les perruches ondulées se reproduisent plus facilement lorsqu'elles vivent en groupe. Pour écarter complètement tout risque de reproduction non désirée, on peut également adopter deux perruches du même sexe. Le sexage est très simple : les mâles verts et

Quel bonheur de voir deux perruches se manifester de la tendresse et se toiletter mutuellement !

bleus possèdent une cire (la zone déplumée située juste au-dessus du bec) bleue, les mâles blancs, jaunes et les mâles pie une cire rosée (comme chez les jeunes oiseaux). La cire des femelles est brune.

Quel âge ?

Généralement, les jeunes ont une excellente capacité d'adaptation. Les bébés sont très demandés. Mais les jeunes oiseaux ne prennent leur indépendance qu'une à deux semaines après leur premier envol, et ce n'est qu'à ce moment-là qu'ils peuvent être cédés.

- **Les yeux** des jeunes perruches sont entièrement noirs.
- **Sur la tête,** les ondulations sont un peu diluées et moins marquées, et le reste du plumage est plus terne que chez un oiseau adulte.
- **Le bec est presque noir.** Cette coloration disparaît rapidement.
- **Chez le jeune mâle,** la cire est rose à mauve. Chez la femelle, elle est souvent bleutée et les narines sont cerclées de blanc.

À SAVOIR
Des compagnons rêvés

Les refuges sont souvent pleins d'ondulées attendant un nouveau foyer. **Souvent,** il s'agit de couples apprivoisés ou de gentils compagnons habitués à l'homme, qui apporteront beaucoup de joie à leur nouveau propriétaire.

Bien choisir ses oiseaux

Les perruches ondulées peuvent vivre 15 ans. Il est donc essentiel de choisir soigneusement ses nouveaux compagnons. Prenez tout le temps nécessaire et observez bien les oiseaux.

Pour vous procurer vos nouveaux compagnons, vous n'avez que l'embarras du choix. Que ce soit en animalerie, chez un éleveur, dans un refuge ou chez un particulier, vous devez toujours vous assurer que les oiseaux sont bien soignés. Des installations sales doivent vous faire fuir. Les perruches portent parfois une bague, sur laquelle sont gravés le numéro de l'éleveur et l'année de naissance. Il est préférable d'acheter des oiseaux bagués, car vous êtes ainsi sûr de leur provenance. Méfiez-vous également si le vendeur n'est pas capable de vous donner des renseignements sur les soins à apporter aux perruches et qu'il vous pousse à prendre une décision rapidement. En revanche, si le vendeur se propose de vous apporter son aide après l'achat, c'est plutôt bon signe !

▸ **L'état de santé.** Éloignez-vous de la cage, afin d'observer les oiseaux sans les déranger. En effet, si vous vous tenez trop près de la cage, les perruches, anxieuses, plaqueront leurs plumes contre leur corps, et vous ne pourrez plus distinguer les éventuels oiseaux malades : ces derniers gardent les yeux mi-clos, leur plumage est ébouriffé, ils somnolent. Le plumage d'une perruche en bonne santé est très dense. La présence de zones déplumées révèle des carences ou une maladie parasitaire.

①

2

◂ **1er examen.**
Vérifiez la corpulence des perruches. Le bréchet ne doit pas être trop saillant. Regardez les yeux et le bec, vous ne devez voir aucun écoulement. Si vous remarquez des croûtes grises, l'oiseau est infecté par la gale. Jetez également un œil au cloaque, il doit être propre.

▸ **2e examen.**
Contrôlez également les pattes car une griffe ou un doigt peut parfois manquer. Le cas échéant, ce n'est pas catastrophique, du moment que l'oiseau n'est pas handicapé. Il s'agit d'un défaut esthétique. Si vous achetez un mâle de couleur claire, vérifiez l'année de naissance gravée sur la bague car les mâles de certaines mutations gardent leur cire rose toute leur vie.

3

4

◂ **3e examen.** Si l'oiseau se frotte constamment la tête contre le perchoir ou se gratte souvent, il se peut qu'il soit atteint d'une maladie parasitaire. Si vous découvrez un oiseau malade dans une volière, vous ne devez pas adopter d'oiseau provenant du même élevage, car il peut avoir été contaminé, même s'il ne présente aucun symptôme.

Une équipe de choc

22 L'habitat de vos petits voltigeurs

24 Les accessoires

26 Nouer des liens d'amitié

28 Bien se comporter avec vos ondulées

30 Comprendre vos ondulées

32 La socialisation

34 L'alimentation

36 Les aliments frais

38 Divertir vos oiseaux

40 Épanouis et en forme

ZOOM 42 Apprendre à parler à vos perruches

44 En balade

L'habitat de vos petits voltigeurs

La cage est l'endroit où vos petites perruches vont vraisemblablement passer la majeure partie de leur vie. Leur bien-être dépend largement de la taille, de l'aménagement et de l'emplacement de celle-ci.

Place à l'aventure !

Ne vous laissez pas séduire par les couleurs vives et les ornements dispendieux de certains modèles du commerce. La cage a simplement besoin d'être fonctionnelle, aussi bien pour les oiseaux que pour leur propriétaire. Même si les oiseaux ont la possibilité de voler chaque jour en liberté dans la maison (page 44), une cage accueillant deux animaux doit posséder une superficie minimum de 120 x 60 cm et mesurer 100 cm de hauteur, afin que les oiseaux aient suffisamment d'espace.

Outre les sorties en liberté, une volière bien aménagée tiendra vos oiseaux occupés !

▸ La volière d'intérieur est une bonne solution. Dans la mesure du possible, choisissez un modèle à roulettes. Vous pourrez ainsi la déplacer facilement et installer vos oiseaux au soleil sur la terrasse ou le balcon aux beaux jours.

Les critères importants

Veillez à ce que les barreaux de la cage soient suffisamment rapprochés afin que les oiseaux ne puissent pas se faufiler à travers et s'échapper. Les barreaux de deux parois doivent au minimum être disposés horizontalement, afin que les ondulées, qui sont de grandes adeptes de la gymnastique, puissent les escalader et profitent ainsi davantage de leur cage. Les modèles de forme simple munis de barreaux horizontaux sont les plus adaptés et sont également plus faciles à nettoyer.

▸ Les barreaux ne doivent pas être gainés de plastique, car certains oiseaux ne se privent pas de le grignoter, ce qui n'est pas très

esthétique au final.
En outre, s'ils avalent le plastique, cela peut les rendre malades.

▸ Avec leur petit bec acéré, les perruches cassent facilement les mangeoires en plastique fixées à l'extérieur de la plupart des cages. Privilégiez les mangeoires en métal.

▸ Les portes doivent être grandes et en nombre suffisant afin que vous puissiez accéder facilement à tous les recoins de la cage.

▸ Le bac doit être muni d'un tiroir amovible. Sinon, vous devrez retirer la grille (généralement située au fond de la cage) à chaque nettoyage, ce qui fournit à nos ingénieuses perruches une occasion en or de s'échapper !

Le choix, l'aménagement et l'emplacement de la cage sont particulièrement importants pour la santé et le bien-être de vos oiseaux.

L'emplacement de la cage

Les perruches ont besoin d'air pur. C'est pourquoi il ne faut pas les exposer à la fumée de cigarette, ni aux vapeurs de cuisine. Un air sec ne les dérange pas plus que cela, car après tout, l'air n'est pas particulièrement humide dans leur habitat d'origine ! De même, elles supportent tout à fait bien de rester dans une pièce non chauffée. Toutefois, les brusques variations de température et les courants d'air peuvent les rendre malades. La lumière naturelle est importante pour leur santé, mais il ne faut pas les exposer directement au soleil, derrière une fenêtre par exemple. Pour leur donner un sentiment de sécurité, il convient de placer la cage contre un mur, ou dans un coin.

À SAVOIR

Les joies du grand air

Ces oiseaux robustes peuvent également vivre toute l'année dans une volière extérieure.
Le cas échéant, la volière doit être munie d'un abri chauffé et d'une toiture partielle. Elle doit offrir suffisamment d'ombre ainsi qu'une protection contre les carnassiers et les rapaces.

Les accessoires

Aménagez la cage de vos perruches avec des accessoires adaptés.

Les perchoirs

Les perchoirs fournis avec la plupart des cages ne sont pas adaptés à vos oiseaux, car leur diamètre est trop petit. Les perchoirs en plastique sont certes faciles à nettoyer, mais leur surface lisse ne permet pas aux oiseaux d'user leurs griffes, qui deviennent rapidement trop longues. C'est pourquoi il est préférable de les troquer contre des branches naturelles. Ces dernières sont souples et ploient légèrement lorsque l'oiseau se perche, ce qui ménage ses articulations tout en sollicitant ses muscles. Les branches d'arbres fruitiers, saule, hêtre, peuplier, aulne ou bouleau sont tout à fait adaptées. Installez les branches de manière que l'oiseau puisse voler de l'une à l'autre, en veillant à ce que les perchoirs, la nourriture ou l'eau qui se trouvent en dessous ne puissent pas être souillés par les déjections.

Les branches naturelles divertissent les oiseaux, et sont également une source de minéraux essentiels.

Les mangeoires et les abreuvoirs

Dans les distributeurs, les graines restent toujours propres, mais certains oiseaux picorent uniquement leurs graines préférées. Il vaut donc mieux opter pour les écuelles métalliques que l'on accroche aux barreaux, faciles à nettoyer. Pour l'eau, choisissez une fontaine. Bien évidemment, les oiseaux malades, qui passent beaucoup de temps au sol, doivent avoir à disposition une écuelle d'eau et de la nourriture en quantité suffisante.

Les figues sont parfaites pour varier les menus !

Les baignoires

La plupart des perruches ondulées adorent prendre un bain quotidien. Vous trouverez en animalerie des baignoires adaptées à leur taille, que vous pouvez accrocher à une entrée de la cage. Si vos oiseaux ne se baignent pas, vous pouvez les asperger d'eau chaque jour à l'aide d'un vaporisateur.

Le sable

Le sol de la cage ou de la volière doit être recouvert d'une fine couche de sable, qui absorbe les déjections et garantit ainsi une meilleure hygiène. En outre, il joue un rôle important dans la digestion des granivores (page 35). Il existe différentes sortes de sable pour oiseaux dans le commerce, mais le sable anisé est le plus adapté. Les feuilles sablées pour fond de cage ne sont pas recommandées, car les perruches ne peuvent pas absorber le sable qui les recouvre. Les perchoirs minéraux ne conviennent pas non plus, car ils peuvent causer de graves irritations et des inflammations des doigts.

À SAVOIR

→ **Privilégiez le naturel !**

Prenez exemple sur la nature pour l'aménagement de la cage.
Les perchoirs doivent être feuillus et de diamètre différent, les doigts des oiseaux ne doivent pas pouvoir en faire complètement le tour.
Les perchoirs pourront ployer légèrement si vous veillez à ne les fixer que d'un seul côté de la cage.

Nouer des liens d'amitié

Pour le transport jusqu'à la maison, le vendeur placera vos perruches dans une petite boîte en carton. Toutefois, si vous achetez une boîte de transport spéciale, vous pourrez l'utiliser pour le voyage de retour et les visites chez le vétérinaire. Rentrez directement et veillez à ce que les oiseaux ne soient pas exposés à la chaleur, au soleil, au froid ou aux courants d'air.

La période d'acclimatation

Il est préférable de préparer la cage à l'avance. Ainsi, vous n'aurez qu'à ajouter la nourriture et l'eau. Pour plus de sécurité les premiers jours, vous pouvez disposer un peu de nourriture au sol et suspendre des branches de millet à différents endroits de la cage. Les oiseaux peuvent maintenant découvrir leur nouvelle demeure !

▸ Imaginez ce que vous ressentiriez si vous arriviez dans un environnement complètement inconnu où vous ne vous sentez pas en sécurité. C'est exactement ce qui se passe pour les ondulées ! Elles ont dû rester un certain temps dans une boîte de transport, sans savoir où elles allaient atterrir.
Et voilà qu'elles se retrouvent confrontées à une situation inédite, à laquelle elles doivent s'habituer. Accordez-leur un peu de tranquillité.

▸ Placez la boîte de transport sur le sol de la cage, et laissez les oiseaux découvrir eux-mêmes leur nouvelle demeure. Même si les nouveaux venus ne sortent pas tout de suite de la boîte, ne vous montrez pas trop impatient !

▸ Une perruche seule, qui ne sera rejointe qu'ultérieurement par un compagnon, a besoin de passer quelques jours au calme, car elle supporte assez difficilement le fait d'avoir été brutalement séparée de ses congénères. Si vous avez adopté deux perruches en même temps, elles vont retrouver très rapidement leur gaieté habituelle. Malgré tout, les oiseaux ne doivent pas être trop sollicités, car cela ne fait que les effrayer davan-

Les premiers jours

Contentez-vous d'effectuer les tâches indispensables : donnez à vos oiseaux de la nourriture, de l'eau fraîche, retirez les restes de repas de la veille et remplacez l'eau de la baignoire.

Même si c'est difficile et que tous les membres de la famille veulent souhaiter la bienvenue aux nouveaux pensionnaires, il est important de se tenir en retrait les premiers jours, afin de laisser aux oiseaux le temps de prendre leurs marques.

Parlez toujours amicalement à vos oiseaux, ils seront ensuite rassurés par votre voix.

Veillez à installer la cage dans un endroit silencieux et calme, et à ce que les autres animaux de la maison ne puissent pas déranger les perruches et les effrayer.

La tendresse et la patience sont les clés qui vous permettront de conquérir le cœur et l'affection de vos perruches !

tage et leur confiance devient encore plus difficile à gagner.

▸ Une fois que les nouveaux venus commencent à sortir de leur réserve, vous pouvez nouer les premiers contacts. Contentez-vous de les observer, dans une grande volière d'extérieur par exemple, sans les déranger davantage. Nourrissez-les et fournissez-leur ce dont ils ont besoin, mais laissez-les tranquilles le reste du temps.

Gagner leur confiance

La plupart des propriétaires de perruches préfèrent apprivoiser leurs oiseaux. Si c'est votre cas, commencez par acquérir un seul oiseau, puis accueillez le second 2 semaines plus tard. Ensuite, occupez-vous de chacun séparément, à tour de rôle.

▸ Les paroles enjôleuses constituent le meilleur moyen de gagner la confiance de vos ondulées. Parlez-leur calmement et amicalement.

À SAVOIR

Les gestes d'amitié

Les cadeaux entretiennent l'amitié et constituent souvent le point de départ de la relation.
Proposez à vos oiseaux des friandises à travers les barreaux de la cage, comme un morceau de pomme ou une branche de millet, afin de gagner leur amitié.

Bien se comporter avec vos ondulées

Les perruches ondulées sont des animaux exposés à de nombreux prédateurs dans leur milieu naturel. La prudence est donc une stratégie de survie chez ces oiseaux vifs. Vous devez absolument en tenir compte dans vos relations quotidiennes avec eux.

La crainte de la main humaine

Si vous souhaitez nouer des liens étroits avec vos oiseaux, vous devez tenter de gagner leur confiance. Les oiseaux doivent tout d'abord perdre leur crainte de la main humaine, qu'ils prennent pour un prédateur. Peut-être avez-vous lu en farfouillant dans des livres plus anciens qu'il était bon de tailler quelques rémiges (les grandes plumes des ailes) pour apprivoiser l'oiseau plus rapidement. Oubliez cela tout de suite. Ce n'est vraiment pas un bon moyen de se lier d'amitié avec une perruche !

▸ La nourriture reste le moyen le plus efficace d'apprivoiser ses oiseaux. Tendez à la perruche un aliment qu'elle aime avec la main, par exemple une petite branche de millet ou une feuille de salade, d'abord à travers les barreaux, puis à l'intérieur de la cage. Elle va s'y intéresser, sans avoir le courage de venir le chercher. Mais si vous lui proposez patiemment un peu de nourriture tous les jours tout en lui parlant amicalement, elle finira par monter sur votre main, d'abord avec moult hésitations, bien entendu, mais vous verrez qu'elle ne tardera pas à sauter tout naturellement sur votre main tendue. À partir de ce moment-là, vous pouvez laisser votre perruche voler en liberté chez vous.

Le repos nocturne

Chaque activité de vos ondulées s'accompagne de manifestations sonores que vous ne goûterez pas forcément, notamment l'été lorsque le soleil se lève tôt ! Toutefois, il est possible de maîtriser leurs cris en recouvrant simplement la cage d'un tissu sombre le soir. Dès que l'on retire le tissu le matin, les perruches se « réveillent » et se lancent gaiement dans leurs activités quotidiennes. Les oiseaux apprivoisés s'adaptent souvent au

Pendant les vacances

Lorsque vous partez en vacances, il est préférable que vos perruches restent dans leur environnement familier.

Cherchez à l'avance une personne de confiance qui viendra s'occuper de vos oiseaux en votre absence.

Consignez les informations et les instructions importantes par écrit, notamment le numéro de téléphone auquel vous serez joignable, et celui du vétérinaire.

Nettoyez à fond la cage ou la volière juste avant votre départ et prévoyez suffisamment de nourriture.

Les perruches ondulées doivent également respecter certaines règles comportementales pour être acceptées de leurs congénères.

rythme de vie de leur propriétaire et se tiennent tranquilles jusqu'à ce qu'il sorte de son lit. Toutefois, de nombreux oiseaux se sentent mal à l'aise sous le tissu, certains paniquent même. Installez-les alors dans une pièce sombre. Comme toujours, vous devez veiller à ce que vos oiseaux bénéficient d'une longue nuit de repos après 12 heures d'activité. S'ils sont installés dans la même pièce que la télévision, qui reste souvent allumée tard le soir et produit une lumière vive, il faut impérativement couvrir la cage, car cela irrite énormément les ondulées. En revanche, les voix et la musique ne les dérangent pas autant. Même en volière extérieure, les ondulées mènent une vie très réglée, rythmée par le lever et le coucher du soleil. Après les étirements et la toilette, les oiseaux petit-déjeunent.

À SAVOIR

→ La phase d'adaptation

Vos perruches devront passer deux ou trois semaines dans leur cage avant de pouvoir voler en liberté. **Vous vous épargnerez** ainsi d'interminables courses poursuites, car les oiseaux craintifs ne sont pas capables de retourner seuls dans leur cage. **Ce délai** permet également aux perruches de se familiariser tranquillement avec la pièce dans laquelle elles voleront en liberté.

Comprendre vos ondulées

Les perruches ondulées ont développé un langage corporel et sonore élaboré pour communiquer avec leurs congénères. Découvrez-leur système social très complexe.

Le comportement des ondulées

Si vous vous occupez tous les jours de vos perruches, vous aurez certainement remarqué qu'elles adoptent une posture ou un comportement différent en fonction des situations. Ce langage corporel est plus facile à observer dans les groupes constitués de deux individus au minimum.

- **Lorsqu'elles dorment,** les perruches fourrent leur tête dans les plumes de leur dos et se tiennent sur une seule patte, ce qui montre leur excellent sens de l'équilibre !
- **Au réveil,** elles font des étirements pour stimuler leurs muscles et leur circulation sanguine. Elles étirent leurs pattes et leurs ailes et s'ébrouent énergiquement, ce qui permet de remettre les plumes en place.
- **À la fin du repas,** elles frottent leur bec contre le perchoir pour le nettoyer. Ces frottements répétés peuvent toutefois révéler la présence de parasites. On a également évoqué le fait que ce comportement puisse survenir dans un contexte conflictuel, lorsque l'oiseau hésite entre deux activités. On parle alors d'activité de substitution.
- **Les perruches** régulent leur température corporelle à l'aide de leur plumage. Si elles ont froid, elles le gonflent, ce qui crée une couche d'air isolante qui conserve la chaleur. Si elles ont trop chaud, elles écartent légèrement leurs ailes pour se rafraîchir.

Les enfants peuvent s'occuper seuls de leurs perruches dès l'âge de 12 ans. Plus tôt, l'aide des parents est indispensable.

Ces oiseaux vifs sont très curieux et ont tendance à grignoter tout ce qui passe à leur portée.

Les relations avec les congénères

Comme tous les autres animaux vivant en communauté, les perruches ondulées ont développé leur propre langage.

▸ Les oiseaux en couple s'occupent tendrement l'un de l'autre, et passent chaque jour beaucoup de temps à se faire des papouilles pour renforcer leurs liens. Les gratouilles mutuelles font partie de ce cérémonial. En offrant sa tête inclinée à son partenaire, la perruche l'invite à la gratter. Les oiseaux se montrent également leur affection en se donnant la becquée.

▸ Des disputes surviennent même dans les familles les plus pacifiques, et l'on assiste parfois à quelques « prises de bec » dans des groupes très calmes. Ces disputes le plus souvent sans gravité seront plus ou moins violentes selon que l'adversaire se laisse facilement remettre à sa place. Toutefois, si une posture déterminée et un cri menaçant ne suffisent pas, l'oiseau n'hésitera pas à menacer son rival de son bec. Toutefois, les blessures sont rares, car l'oiseau dominé va plutôt chercher à prendre de la distance. C'est pourquoi il est important que les perruches disposent de suffisamment d'espace pour pouvoir s'enfuir en cas de conflit.

▸ Le langage sonore joue également un rôle très important au quotidien. Par exemple, un cri perçant signale un danger et des appels insistants servent à établir le contact avec les congénères.

À SAVOIR

Au-delà des espèces

Le langage corporel et sonore des ondulées leur permet non seulement de se faire comprendre de leurs congénères, mais également de l'homme.

Vos oiseaux savent très bien vous faire comprendre qu'ils ont besoin de quelque chose ou qu'ils sont satisfaits. Les animaux bien apprivoisés vont par exemple demander à leur maître de leur gratouiller la tête.

La socialisation

Des perruches plus âgées sont capables d'accepter un nouveau compagnon, mais il faut généralement se montrer plus patient.

Pour un amoureux des oiseaux, rien de tel que d'observer des perruches interagir entre elles, se toiletter mutuellement, se blottir les unes contre les autres ou bavarder gaiement.

L'amitié entre oiseaux

Ainsi, l'arrivée d'un deuxième oiseau est toujours un événement heureux. Il est préférable que le nouveau venu soit encore jeune. Son congénère plus âgé pourra peut-être développer ses instincts « familiaux », voire lui donner la becquée ! Si vous tenez à ce que vos oiseaux soient apprivoisés, vous devez vous occuper intensivement de votre nouvelle perruche afin qu'elle gagne votre confiance avant que les oiseaux fassent connaissance.

▸ Les perruches doivent d'abord faire connaissance à distance. Ainsi, il convient de les installer dans deux cages séparées placées l'une à côté de l'autre. Le premier vrai contact doit avoir lieu lors d'une sortie en liberté. Si elles s'entendent

Les perruches ondulées et les perruches calopsittes s'entendent généralement bien lorsqu'elles vivent ensemble dans une grande volière ou qu'elles se rencontrent lors de leurs sorties.

bien, les perruches peuvent être installées ensemble dans la même cage. Sinon, vous devez tout recommencer depuis le début.

À SAVOIR

L'amitié entre oiseaux

En volière, les perruches ondulées s'entendent bien avec les autres perruches comme les calopsittes ou les kakarikis.
Les inséparables sont de taille équivalente, mais ne s'entendent pas avec les ondulées.

▸ La socialisation peut s'avérer problématique chez des oiseaux qui ont vécu seuls longtemps et sont très proches de l'homme.
Dans ce cas, les congénères seront plutôt considérés comme des rivaux. Demandez conseil à un comportementaliste.

Les chiens et les chats

Les ondulées socialisées normalement représentent rarement un danger pour les autres animaux. Bien qu'on rapporte fréquemment des amitiés entre des animaux d'espèces différentes, la prudence est de mise. Les chats et les chiens notamment sont susceptibles de blesser les oiseaux. Les chiens bien dressés peuvent certes apprendre à tolérer les oiseaux ou à les ignorer, mais vous devez toujours garder un œil sur vos amis à quatre pattes lorsque les oiseaux volent en liberté. C'est encore plus vrai pour les chats, qui ne se gênent pas pour importuner les oiseaux en cage.

L'alimentation

Dans leur environnement naturel, les perruches se nourrissent principalement de graines de graminées à divers degrés de maturité. Les graines semi-mûres, vertes et laiteuses, sont encore plus appréciées que les graines dures et sèches. Si ces dernières ne sont pas disponibles, les perruches se contentent volontiers de graines dures.

Une branche de millet vaut bien qu'on fasse le poirier : une manière de faire de l'exercice même pendant les repas !

Les mélanges de graines

Les mélanges pour perruches disponibles dans le commerce se composent en grande partie de graines de graminées. En effet, le millet (la principale composante de ces mélanges) est une graminée.
Le millet jaune représente la plus grande part du mélange, suivi du millet rouge (qui sert juste à apporter à un peu de couleur, car les perruches n'en raffolent pas particulièrement !). Les graines brillantes de forme allongée sont des graines d'alpiste. Les mélanges contiennent souvent de l'avoine décortiquée et parfois quelques graines de niger. Souvent, les mélanges sont enrichis en iode.

▸ Vous pouvez améliorer ces mélanges en ajoutant de l'alpiste. Vous pouvez également proposer de l'avoine non décortiquée dans une écuelle à part, ce qui occupera votre oiseau un bon moment !

▸ Tant que l'oiseau n'est pas tenté par des friandises, il se contente parfaitement de ces graines. Il les picore et les décortique une par une et laisse retomber la coque vide dans la mangeoire. Les graines finissent par être recouvertes de coques vides, mais la perruche ne tente pas de farfouiller en dessous.
Un coup d'œil rapide peut donner l'impression que les mangeoires sont encore pleines. Retirez donc les coques vides afin que les oiseaux puissent manger les graines restantes.

Le millet et les autres friandises

Les perruches adorent picorer les graines directement sur les branches, à la manière de leurs congénères sauvages. Les branches de millet des oiseaux (jaune ou rouge) et de millet commun (blanc) sont plus appréciées que les graines picorées directement dans la mangeoire. Elles sont aussi plus saines pour les oiseaux malades (page 55).

▸ Les friandises proposées par les animaleries sont

Les graines constituent l'aliment de base des perruches ondulées. Assurez-vous toutefois que l'oiseau ne se contente pas de picorer ses graines favorites.

très diversifiées : baguettes, bâtonnets et autres sticks, biscuits, cloches, godets... Les oiseaux adorent les grignoter. Il est absolument essentiel que les oiseaux aient plusieurs possibilités de se divertir, car les ondulées, comme la plupart des animaux domestiques, sont souvent sujettes à l'ennui. Toutefois, ces friandises doivent rester exceptionnelles, car elles sont très caloriques. Mieux vaut récompenser vos oiseaux en leur donnant plus souvent des fruits.

Calcium, sable, eau

Les sels minéraux sont particulièrement importants pour les perruches ondulées. Le calcium et le phosphore sont essentiels. La plupart des perruches adorent picorer les blocs minéraux ou les os de seiche. Non seulement elles se font plaisir, mais elles usent également leur bec de manière naturelle. Pour ne pas être obligé de racheter trop souvent des blocs de sels minéraux, vous pouvez en proposer chaque jour un petit morceau dans la mangeoire.

▸ Le gravier est indispensable à la digestion des oiseaux. C'est pourquoi vous devez leur proposer régulièrement du gravier ou du sable, dont les grains facilitent le broyage des graines dans le gésier, un organe particulièrement développé chez les oiseaux granivores comme les perruches ondulées. Vous pouvez également proposer du gravier dans une écuelle.

▸ Vos oiseaux doivent toujours avoir de l'eau fraîche à disposition. Pour qu'elle reste propre, mettez-la dans un abreuvoir spécial.

Les aliments frais

Quand elles en ont l'occasion, les perruches complètent leurs repas par des aliments frais, sources de vitamines essentielles.

Les fraises doivent être données uniquement à la main. Placées dans une mangeoire, elles s'abîment très rapidement.

Les aliments frais

La verdure est souvent au menu. Le mouron des oiseaux, « mauvaise herbe » bien connue des jardiniers, ou la salade sont très appréciés, de même que les jeunes pousses, les fleurs et les graines mi-mûres de pissenlit, le persil, le pâturin, la bourse-à-pasteur ou l'oseille. Les petits pots de graines que l'on trouve parfois en animalerie offrent un complément de verdure fraîche. Vous pouvez également proposer à vos oiseaux un morceau de pomme ou de carotte. Certains préféreront la poire, le kiwi, le melon, l'orange, la mandarine, le raisin, la groseille, la cerise ou la fraise.

▸ Les aliments frais doivent toujours être d'une qualité irréprochable. Les fruits et légumes du commerce doivent être lavés et éventuellement pelés. Ceux que vous cultivez vous-même ne doivent pas pousser près d'une route très fréquentée, en raison de la pollution trop importante. En outre, vous devez absolument veiller à ce qu'ils ne soient pas souillés par des déjections de chien ou d'oiseau. Très important : les aliments frais ne doivent pas être moisis ou pourris, sinon ils pourraient rendre les oiseaux malades.

▸ Les préparations vitaminées peuvent rendre bien des services en cas de maladie, pendant la mue ou en période de reproduction et de croissance des jeunes, mais elles ne remplacent toutefois pas les aliments frais. Parlez-en à votre vétérinaire.

Les graines germées

Si vous souhaitez faire plaisir à vos oiseaux tout en leur garantissant un excellent apport en vitamines, vous pouvez leur proposer des graines germées. Les petites graines germées sont non seulement plus tendres, mais également très nutritives. Les éleveurs ont ainsi à leur disposition un aliment particulièrement approprié pour l'élevage. Seul inconvénient : les graines germées ne se conservent pas longtemps. Par temps chaud, elles commencent à fermenter au bout de quelques heures seulement et sont alors impropres à la consommation. Les mangeoires doivent donc être nettoyées avec soin quotidiennement. Comptez une cuillère à soupe de graines par oiseau. Déposez-les dans une passoire et rincez-les soigneusement sous l'eau courante. Laissez tremper la passoire avec les graines à l'intérieur pendant 5 heures dans un saladier rempli d'eau afin qu'elles s'imbibent bien, puis rincez-les à nouveau. Déposez ensuite la passoire au-dessus d'un saladier vide puis recouvrez le tout d'un torchon propre. Rincez les graines sous l'eau au moins une fois par jour ; plus la température ambiante est élevée, plus vous devrez le faire souvent afin d'éviter que les graines pourrissent ou moisissent. Vous pouvez donner les graines à vos perruches dès qu'elles commencent à germer.

Le persil est très riche en vitamines. Vos perruches en liberté iront se servir elles-mêmes, mais veillez à ce qu'elles prennent le temps de s'y habituer.

À SAVOIR

→ À cultiver soi-même

Les graines pour perruches et le millet peuvent être semés dans le jardin ou dans un pot dès le mois de mai, après les dernières gelées nocturnes. **Les épis verts** sortent en juillet ou en août : un vrai délice !

Quelles quantités ?

Le métabolisme des oiseaux n'est pas adapté à un jeûne prolongé ; les oiseaux ne doivent donc jamais souffrir de la faim. Donnez-leur toujours suffisamment de graines pour qu'il leur en reste le lendemain.
Aucune restriction en ce qui concerne les aliments frais, les perruches doivent seulement prendre le temps de s'habituer aux aliments nouveaux.

Divertir vos oiseaux

Le quotidien de nos perruches s'avère bien ennuyeux par rapport à leur vie à l'état sauvage ! Dans leur habitat naturel, elles doivent en effet parcourir de très longues distances pour trouver de l'eau et de la nourriture, ce qui occupe une bonne partie de leur emploi du temps. Et elles doivent être aux aguets du matin au soir pour ne pas finir dans l'estomac d'un oiseau de proie ou d'un serpent. Les oiseaux domestiques n'ont pas ce genre de problème, on pourrait même penser que dans ces conditions, ils peuvent mener une vie bien plus insouciante que dans la nature.

Les ondulées ont-elles besoin de jouets ?

Chez les perruches ondulées, le partenaire joue un rôle essentiel. Il agit comme un stimulant, et participe à la toilette mutuelle pendant de longues heures. Toutefois, malgré son importance, une vie sociale bien remplie ne suffit pas à occuper pleinement un animal si intelligent. Vous devez proposer d'autres activités à vos perruches afin qu'elles ne s'ennuient pas. Et pour cela, vous avez besoin de jouets adaptés.

▸ **Les branches et les rameaux** à escalader et gruger (c'est-à-dire grignoter) doivent être placés en petit nombre dans la cage, afin de ne pas la surcharger. Vous pouvez tout de même en disposer quelques-uns dans la cage en plus des perchoirs, par exemple verticalement contre les barreaux pour gagner de la place. Vos oiseaux seront encore plus heureux si les branches sont feuillues.

▸ **Vous pouvez également installer un arbre à perruches** dans la pièce où vos oiseaux volent en liberté.
Il s'agit d'une grosse branche très ramifiée d'arbre fruitier, de tilleul ou de bouleau, solidement plantée dans un gros pot de fleur ou fixée dans un support de sapin de Noël, qui va très vite devenir le terrain de jeu favori

Petit casse-tête pour perruche maligne : cette perruche doit effectuer une tâche simple pour atteindre la délicieuse branche de millet.

Manger un fruit dans sa mangeoire s'avère vite ennuyeux. C' est bien meilleur quand on le mange la tête en bas !

de vos petits compagnons à plumes, surtout si vous prenez la peine d'y fixer des balançoires, des anneaux, des jouets divers et variés et des branches de millet.

▸ Les aires de jeu disponibles en animalerie, équipées d'échelles et de balançoires, sont également très divertissantes et peuvent même être installées à l'intérieur d'une cage suffisamment grande.

▸ Une balançoire ou un anneau installés dans la cage permettent d'entretenir le sens de l'équilibre de vos ondulées.

Les jouets inappropriés

Lorsque vous achetez des jouets pour vos oiseaux, veillez à ce qu'ils ne présentent aucun danger. Les perruches, très curieuses, rongent tout ce qui passe à leur portée avec leur bec puissant, ce qui peut devenir dangereux si l'objet est en plastique. Les matériaux naturels sont beaucoup plus appropriés. Toutefois, ils peuvent comporter des défauts. C'est pourquoi vous devez les vérifier régulièrement. Par exemple, les cordes en sisal peuvent se défaire et certains morceaux s'enrouler autour des membres des oiseaux, leur coupant la circulation.

▸ Les oiseaux factices, tels que les oiseaux en plastique censés remplacer un compagnon, ne conviennent pas aux perruches. Imaginez comme ce doit être frustrant pour un animal aussi social que la perruche de se retrouver face à un « compagnon » qui ne réagit pas. Et un oiseau seul qui cherche vainement un partenaire dans le reflet d'un miroir fait pitié à voir.

Épanouis et en forme

Les anneaux de bois sont généralement très appréciés et certains oiseaux s'y balancent énergiquement.

Les psittacidés font partie des oiseaux les plus intelligents. Si vous vous occupez intensivement de vos amis siffleurs, vous aurez très certainement l'occasion de vous en apercevoir !

Quelques idées de jeux pour petits malins

En Australie, les perruches sauvages passent beaucoup de temps à chercher leur nourriture et doivent souvent faire de nombreux efforts pour accéder aux aliments.

▸ Les jeux autour de la nourriture sont parfaits pour divertir vos petits compagnons. Non seulement les oiseaux y prennent du plaisir, mais cela stimule également leur imagination. Ainsi, ils ne sont jamais à court d'idées !

▸ Les fruits ne doivent pas être coupés en petits morceaux et servis dans une mangeoire. Coincez plutôt de gros morceaux entre les barreaux, pour que les perruches puissent les grignoter. Vous pouvez également trouver des supports spéciaux en animalerie. Ils vous permettront d'accrocher les aliments frais aux barreaux, ou de les suspendre au plafond de la cage ou à une branche. Vos perruches devront alors faire preuve d'habilité pour atteindre le morceau convoité.

▸ Les carottes sont très appréciées de la plupart des perruches. Elles demandent des efforts aux oiseaux, qui vont s'échiner dessus un long moment pour obtenir une ration suffisante. Elles permettent également d'user le bec de manière naturelle et divertissante.

▸ Les branches de millet constituent une occupation saine : chaque graine doit être picorée une à une et les oiseaux doivent souvent déployer leurs talents d'acrobates et se mettre la tête à l'envers pour atteindre les graines situées plus bas.

▸ Les jeux où l'on cache la nourriture sont particulièrement stimulants. L'aliment, idéalement une branche de millet, est caché sous un morceau d'essuie-tout blanc. Ainsi, la perruche va devoir trouver une stratégie pour obtenir le millet convoité (photo page 38). Veillez toutefois à ce que les oiseaux mangent suffisamment, car ils ne doivent jamais souffrir de la faim. Vous pouvez également dissimuler de petits morceaux de branche de millet dans une petite boîte en carton remplie de bouts de papier et faites comprendre à vos perruches que quelque chose d'intéressant se cache à l'intérieur. Si l'un de vos oiseaux n'est pas très doué à ce jeu, trouvez-lui en un autre.

▸ Vos perruches réaliseront facilement de petits tours si vous les récompensez avec de la nourriture. Peut-être parviendrez à les faire passer (l'une après l'autre) à travers un anneau de bois ou à les faire sauter sur un cube en échange d'une récompense !

Des compagnons curieux

De nombreuses perruches sont fascinées par les objets brillants. Cela ne pose aucun problème tant que la perruche ne les prend pas pour un compagnon de substitution. Ainsi, son reflet dans une cuillère peut éveiller sa curiosité.

▸ Les petits objets sont très divertissants. Un caillou, une pièce de monnaie, un trombone, un anneau ou une cloche suffisent à captiver les perruches. Elles vont examiner soigneusement ces objets à l'aide de leur bec. Veillez toutefois à ce qu'elles n'attrapent pas des objets pointus ou coupants, qui pourraient les blesser.

Les branches de millet constituent l'une des meilleures occupations pour les perruches. Elles leur permettent de faire de l'exercice en même temps !

À SAVOIR

→ De petits pots de colle

Les perruches apprivoisées adorent accompagner leur maître lorsqu'elles sont en liberté dans la maison (page 44).

Perchées sur votre tête ou votre épaule, elles observent attentivement ce que vous faites.

Elles liront volontiers le journal avec vous, tout en le déchiquetant !

Les robinets ouverts sont très divertissants et les perruches prennent souvent volontiers une douche dans l'évier !

Apprendre à parler
à vos perruches

Vos perruches ne comprennent bien évidemment pas ce que vous leur dites. Toutefois, la plupart sont capables de faire le lien entre la sonnerie du téléphone et le mot « allô » par exemple. Certains oiseaux particulièrement doués seront même capables de le répéter.

On s'attend généralement à ce que les psittacidés soient doués pour la parole. Les perruches ondulées font partie des oiseaux parleurs les plus talentueux et n'ont rien à envier à leurs gros cousins ! Toutefois, elles ne sont pas toutes capables de parler. Considérez simplement les leçons comme une bonne opportunité de vous amuser avec votre oiseau, même si votre petit élève ne s'avère pas doué pour la parole !

1 ◂ **L'atmosphère :** la confiance est à la base de l'apprentissage de la parole. Autre condition, l'oiseau doit être âgé de deux à trois mois. Lorsque vous vous exercez avec vos oiseaux (toujours séparément), vous devez éviter toute distraction, afin que vos petits élèves se concentrent exclusivement sur vous.

2

▸ Commencer rapidement l'apprentissage. Lorsque vous commencez à faire connaissance avec vos oiseaux alors qu'ils se trouvent encore dans leur cage, vous devez leur parler d'une voix calme et les nommer par leur nom. Dès qu'ils sont complètement apprivoisés et montent facilement sur votre doigt, vous pouvez commencer les leçons. Le crépuscule est le meilleur moment pour leur répéter les mots que vous souhaitez leur apprendre. Commencez par leur apprendre un seul mot. Choisissez de préférence des mots avec des sifflantes et les voyelles « i » et « e », car l'expérience a montré que les oiseaux savent particulièrement bien les imiter.

4

▸ Un maître d'apprentissage. Les perruches vivant en couple ou en bande parlent plus rarement que les perruches seules. Toutefois, les perruches en couple peuvent s'avérer très douées pour la parole. Cela demande toutefois beaucoup de patience et d'efforts. En revanche, un véritable ami des perruches ne séparera jamais un oiseau éventuellement doué pour la parole de ses congénères. Parfois, un oiseau plus âgé transmet son savoir à un jeune : il le prend sous son aile, le nourrit les premiers jours et avec un peu de chance, devient son maître d'apprentissage.

3

▴ La rapidité à laquelle les perruches apprennent à répéter les mots dépend de leur talent individuel. En règle générale, les leçons portent leurs fruits au bout de deux semaines. En prime, la plupart des perruches vont prononcer divers sons « hors programme », qu'elles ont assimilés elles-mêmes : par exemple, des mots qu'elles entendent souvent dans certaines circonstances, ou le sifflement d'un moineau qui a élu domicile dans le jardin. Les perruches sont capables d'élargir leur répertoire, qui peut comporter une centaine de mots aux dires de certains, jusqu'à leur troisième année.

En balade

Une voltigeuse aussi douée que la perruche ondulée doit avoir l'occasion de se dégourdir les ailes quotidiennement. Avant que l'oiseau puisse voler en liberté, il doit être bien familiarisé avec son environnement afin de pouvoir s'orienter correctement.

En liberté dans la maison

Si la perruche est déjà apprivoisée, ne vous posez pas plus de questions et ouvrez la porte de sa cage. Veillez toutefois à écarter tout danger au préalable. Fermez systématiquement les fenêtres. Cela semble évident, mais on l'oublie parfois et il y a peu d'espoir que la perruche revienne d'elle-même. Avec son plumage criard, ses chances de survie dans la nature sont très minces sous nos latitudes. Les oiseaux apprivoisés peuvent se réfugier chez quelqu'un et se laisser attraper, mais elles retrouvent rarement leur ancien propriétaire, à moins d'avoir appris à dire son nom et son adresse. Mais ces cas sont vraiment très exceptionnels !

▸ Lors de la première sortie, vous devez prendre le temps d'observer vos oiseaux. Organisez-la donc plutôt un week-end. Il peut en effet se passer un long moment avant que les oiseaux osent sortir de leur cage. Il va de soi qu'il ne faut pas se montrer impatient et faire sortir les perruches de force. Lorsqu'elles se décident enfin, leur premier envol les conduit souvent sur une tringle à rideau, où elles restent généralement quelques heures. Bien évidemment, il faut disposer

Il est permis de chiper de la salade. Veillez toutefois à ce que vos perruches ne grignotent pas vos plantes d'intérieur.

la nourriture exclusivement dans leur cage, sinon elles n'y retourneront pas de leur plein gré !

Préparer leur sortie

Avant de laisser vos perruches sortir de leur cage, écartez les éventuels dangers.

▸ **Les rideaux** doivent être tirés lors du premier vol. Cachez également les portes vitrées et décrochez les miroirs, afin que les perruches n'aillent pas s'y cogner de plein fouet. Elles pourraient être victimes d'une commotion cérébrale, ou se briser la nuque.

▸ **Couvrez les vases hauts.** Une perruche pourrait glisser à l'intérieur, se blesser, et y mourir de faim sans un bruit. Autre risque, les interstices entre les murs et les meubles.

▸ **Les colorants** des papiers peints ou les peintures des cadres ont déjà coûté la vie à un grand nombre de perruches, qui testent en permanence leur environnement avec leur bec.
Les crayons, les cigarettes, les plantes toxiques et autres produits d'entretien doivent toujours être rangés hors de portée.

▸ **Les plaques de cuisson brûlantes,** les plats chauds et les bougies allumées représentent également un danger.

À SAVOIR

L'attraper sans la stresser

Si l'oiseau ne rentre pas de lui-même dans sa cage, laissez-le où il est. Attendez qu'il fasse nuit, il se laissera plus facilement attraper quand il fera sombre. Ne chassez jamais un oiseau avec un balai ou un filet.

Des soins et de l'affection

48 Les soins

50 Prévenir les maladies

52 Les maladies

54 Ce que vous pouvez faire

56 La reproduction

ZOOM 58 Naissances chez les ondulées

Les soins

Les perruches ondulées sont des oiseaux très faciles à soigner. Le nettoyage régulier de la cage ou de la volière ne prend pas énormément de temps, mais il est essentiel à la santé des oiseaux.

L'hygiène est essentielle

L'hygiène est un aspect essentiel lorsque l'on possède des animaux domestiques. Les mangeoires et les abreuvoirs doivent être d'une propreté irréprochable, et les aliments frais doivent être remplacés chaque jour, afin d'éviter qu'ils moisissent.

▸ **Les abreuvoirs** doivent être nettoyés tous les jours, car ils se salissent rapidement et la saleté se dépose dans les moindres recoins. Les fontaines se nettoient facilement avec un écouvillon.

▸ **Les baignoires** doivent également être nettoyées tous les jours afin d'éviter la prolifération de microbes qui pourraient rendre les oiseaux malades.

▸ **Les mangeoires** ne doivent être nettoyées que si elles sont souillées par des fientes. Sinon, il suffit d'enlever les coques vides tous les jours, puis de compléter par une petite quantité de graines.

▸ **Si les perchoirs** sont souillés par des fientes, c'est souvent parce qu'ils sont mal placés. Vous devez alors absolument les brosser et les laver, sinon les pattes des oiseaux risquent de s'infecter. Les fientes présentent également un risque pour les yeux, lorsque les perruches frottent leur tête contre les perchoirs souillés.

▸ **Les barreaux** souillés doivent être nettoyés immédiatement afin de ne pas être décolorés par l'action chimique des fientes, notamment s'ils sont chromés ou en laiton.

▸ **Sur le sol,** les fientes sont plus nombreuses à l'endroit où les oiseaux dorment. Ôtez-les avec une petite pelle ou une raclette. Les fientes doivent être retirées dès que possible car elles sèchent rapidement et sont dispersées par les battements d'ailes. Des particules sont alors inhalées par les hommes et les animaux. Le sable au fond de la cage doit être entièrement remplacé une à deux fois par semaine.

Le grand nettoyage

Un grand nettoyage général s'impose une fois par semaine. Nettoyez à fond tous les accessoires (même

Bien nettoyer la cage et les accessoires

Nettoyez le grillage et les accessoires à l'eau chaude et séchez-les bien. Il n'est pas nécessaire d'utiliser de détergents.

Une désinfection de la cage ne s'impose que sur les conseils du vétérinaire, par exemple en cas de maladie parasitaire.

Facilitez-vous la tâche en achetant mangeoires et abreuvoirs en double exemplaire. Quand ils sont sales, remplacez-les par les propres.

s'ils ne paraissent pas sales), ainsi que la cage.

▸ Lorsque les oiseaux sont de sortie, vous pouvez mettre la partie grillagée de la cage dans la baignoire pour la nettoyer sous la douche. Vous pouvez procéder de même avec le bac.

▸ Les oiseaux ont leurs emplacements favoris dans la maison, et les fientes s'y accumulent rapidement. Avec le temps, vous apprendrez à connaître ces emplacements. Vous pouvez disposer des feuilles de papier journal pour faciliter le nettoyage.

Les couples de perruches font souvent leur toilette de manière parfaitement synchrone.

Attention au ménage

Quand vous faites le ménage chez vous, n'oubliez pas que les oiseaux sont effrayés par certaines actions. Les chiffons et balais virevoltants peuvent déclencher des réactions de panique et causer un stress considérable. Un aspirateur vrombissant est encore plus anxiogène. Allez-y doucement avec ces ustensiles à proximité de la cage ! Si vous aérez, veillez à ce que les oiseaux ne soient pas exposés aux courants d'air froids ou à un refroidissement soudain. Même des oiseaux endurcis peuvent attraper une pneumonie.

L'heure du bain

Le bain revêt une importance particulière pour le plumage des oiseaux. Toutefois, les perruches n'aiment pas toutes faire trempette dans la baignoire. Certaines se contentent d'une assiette plate ou se faufilent à travers des feuilles humides, d'autres encore préfèrent une douche. Elles s'installent à côté du robinet et se laissent asperger. Les oiseaux doivent toujours avoir à disposition de l'eau fraîche pour se baigner ; ils ne font pas la distinction entre l'eau de boisson et l'eau du bain.

Prévenir les maladies

La prévention des maladies commence dès l'achat : n'achetez vos oiseaux que si vous êtes totalement sûr qu'ils ont été correctement soignés et entretenus, et ne faites aucun compromis. Lorsqu'un oiseau présente des signes de maladie, il faut agir de toute urgence. Toutefois, ne prenez aucune initiative avant d'avoir demandé l'avis d'un vétérinaire, pour ne pas risquer de faire du tort à vos oiseaux.

Les perruches adorent barboter. Toutefois, il ne faut pas les baigner avant l'heure du coucher, sinon elles ne sèchent pas correctement et peuvent attraper froid.

Dans quels cas consulter ?

Si un oiseau présente les symptômes suivants, vous devez consulter un vétérinaire pour en déterminer la cause.

- Ses fientes changent de forme ou de consistance.
- Sa posture est inhabituelle, par exemple l'oiseau dort sur ses deux pattes, est souvent au sol ou tient ses plumes ébouriffées en permanence. Le dos est courbé, la queue est arquée, une aile pend, une patte est levée en permanence ou les mouvements sont hésitants.
- Son comportement change, il ne joue plus autant, ne vole plus, se tient à l'écart et dort beaucoup. Il est soudainement chassé par les autres oiseaux ou il se laisse attraper facilement alors qu'il était craintif auparavant.
- Ses yeux sont mi-clos et il respire difficilement.

Les parasites

Une bonne hygiène est le meilleur moyen de tenir ces indésirables à l'écart.

Le comportement du groupe donne des indices importants sur l'état de santé. Si un oiseau est brutalement chassé par les autres, il est peut-être malade.

▸ **Les poux rouges.** Si vos oiseaux s'agitent la nuit, c'est sûrement à cause de ces suceurs de sang nocturnes. La journée, ils se cachent dans les fentes et se reconnaissent à leur couleur gris clair. Une méthode sûre pour révéler une infestation : recouvrez la cage d'un drap clair pendant la nuit ; les poux, qui prennent la forme de petites boules rouges une fois gorgés de sang, se rassembleront à l'intérieur des plis. Contactez votre vétérinaire.

▸ **Les parasites internes** entraînent perte d'appétit, somnolence, apathie, et modifient l'aspect des fientes. Une analyse des fientes permet de confirmer le diagnostic (pour recueillir les fientes, placez une feuille de papier propre sous l'oiseau, puis remettez l'échantillon au vétérinaire). Les coccidies, des organismes unicellulaires qui parasitent les intestins, et les vers sont faciles à détecter.

À SAVOIR

Des compléments sains

Pour une alimentation équilibrée, les perruches doivent manger des protéines de temps en temps. **Vous devez** en proposer à vos oiseaux une fois par semaine. La pâtée d'élevage disponible dans le commerce ou un petit morceau d'œuf dur conviennent parfaitement. Ne donnez jamais d'œuf cru, à cause du risque de salmonellose.

Les maladies

Vos perruches ne sont jamais à l'abri d'une maladie, même si vous vous en occupez consciencieusement. Plus l'état général de vos oiseaux est bon, meilleures sont les chances de guérison. Dans tous les cas, vous devez consulter un vétérinaire.

Les maladies que vous devez connaître

▸ **Un rhume** s'accompagne d'éternuements, le nez coule et les yeux sont souvent irrités. Les oiseaux ont des difficultés à respirer et cherchent à dégager leurs narines en frottant leur bec contre le perchoir. L'eau froide, les courants d'air ou une chute brutale de la température ambiante sont les causes les plus fréquentes de cette maladie.

▸ **L'inflammation du jabot** est principalement causée par des infections dues à un mauvais entretien des abreuvoirs. L'oiseau a du mal à avaler et vomit, les plumes de sa tête sont collées. Il doit voir un vétérinaire le plus rapidement possible.

▸ **Les troubles digestifs** peuvent avoir des origines diverses, par exemple un empoisonnement par absorption de substances toxiques lors d'une sortie en liberté, une infection ou des parasites. La plupart du temps, les oiseaux, affaiblis, restent au fond de la cage. Ils ont la diarrhée et le pourtour de leur cloaque est souillé par les fientes. Nettoyez cette zone. Il est

Vérifiez chaque semaine que la bague est bien en place. Les bagues s'incarnent parfois dans la patte et doivent être retirées par le vétérinaire.

préférable de couper les plumes les plus sales. La meilleure prévention consiste à choisir des aliments de qualité et à ne jamais laisser les perruches manger dans votre assiette.

▸ **La psittacose** se manifeste par une forte diarrhée, des troubles respiratoires, un écoulement nasal et une conjonctivite purulente. Cette maladie est très dangereuse et transmissible à l'homme. Une analyse des fientes permet de confirmer le diagnostic.

▸ **La goutte articulaire** se manifeste par des nodules clairs sous la peau, au niveau des articulations. Souvent, ces dernières sont rouges et gonflées. L'oiseau perd de sa mobilité. Donnez-lui moins de protéines afin de ralentir la progression de la maladie. Prévoyez des perchoirs « capitonnés ».

▸ **La pododermatite ulcérative,** qui touche le dessous des pattes, est souvent causée par une mauvaise circulation du sang. Elle est généralement liée à une carence en vitamines, des perchoirs inadaptés ou des lésions. Consultez un vétérinaire.

▸ **Le mal de ponte** concerne surtout les femelles obèses et âgées. L'oiseau est très agité, pousse en permanence, sa queue fait des mouvements de bas en haut. Manipulez l'oiseau avec beaucoup de précautions, diffusez de la vapeur d'eau dans la cage et tenez-le au chaud (page 54). Si vous ne constatez aucune amélioration au bout d'une heure, prévenez le vétérinaire et apportez-lui votre perruche le plus rapidement possible.

▸ **Les tumeurs** prennent le plus souvent la forme de lipomes (tumeurs graisseuses), mais peuvent également s'avérer malignes. Souvent, une opération sous anesthésie générale suffit à résoudre le problème. Bien entendu, plus la tumeur est détectée et traitée tôt, plus les chances de guérison sont élevées. Vérifiez régulièrement que vos oiseaux ne présentent pas de grosseurs sous la peau.

▸ **Après un accident,** par exemple un choc contre une fenêtre, les oiseaux ont besoin de beaucoup de calme. Appelez immédiatement le vétérinaire et déterminez avec lui s'il faut lui apporter la perruche immédiatement ou s'il vaut mieux attendre un peu avant de la transporter. Seul un vétérinaire est habilité à soigner une aile ou une patte cassée.

En cas de maladie, le vétérinaire vous dira s'il faut isoler l'oiseau.

Ce que vous pouvez faire

Un oiseau malade doit consulter un vétérinaire le plus rapidement possible.

Les premiers soins

Voici quelques mesures à prendre d'urgence si vous ne parvenez pas à joindre le vétérinaire.

▸ **Un traitement par la chaleur** s'impose en cas de maladie respiratoire ou de diarrhée. Une lampe à infrarouge ou à défaut une lampe de bureau maintenant une température de 30 à 33°C sont efficaces.
L'arrière de la zone chauffée doit être recouvert d'une serviette afin de mieux conserver la chaleur.
Ne chauffez qu'une partie de la cage, afin que l'oiseau puisse se soustraire à la chaleur s'il en ressent le besoin. Ce traitement n'est pas indiqué en cas de crampes ou de commotion cérébrale après un accident, car il accroît la circulation et la pression sanguines, ce qui peut aggraver l'état de l'oiseau.

La visite chez le vétérinaire

Montrez-vous prévoyant en recherchant les coordonnées d'un vétérinaire qui a l'habitude de prendre en charge des oiseaux et peut les garder en observation.

Si l'oiseau est transporté dans sa cage, cette dernière ne doit pas être nettoyée et doit être recouverte d'un linge. Évitez les courants d'air, l'humidité et le froid.

Maintenez impérativement l'oiseau au chaud pendant le transport, à l'abri des courants d'air et de l'humidité. Recouvrez la cage d'un tissu.

Toutes les informations concernant l'oiseau, telles que son âge, sa date d'acquisition, les autres oiseaux en votre possession, leurs éventuelles maladies, leurs conditions de vie, etc. pourront être utiles au vétérinaire.

▸ **La vapeur de tisane** de camomille peut également s'avérer efficace en cas de maladie respiratoire. Couvrez la cage avec une serviette en laissant seulement l'avant à l'air libre. Une à deux fois par jour, placez devant la cage un bol rempli d'une infusion de camomille, en veillant à ce que la vapeur s'échappe en direction de la cage.

Le millet est très apprécié des oiseaux malades. En cas de diarrhée, ne donnez pas d'aliments frais.

▸ **Vous devez nourrir votre oiseau** s'il ne s'alimente pas lui-même, sinon il va rapidement s'affaiblir. De la bouillie pour bébé et une seringue (sans aiguille) font parfaitement l'affaire. Donnez-lui l'équivalent d' 1 ml trois à quatre fois par jour. Vous pourrez également lui administrer ses médicaments de cette manière.

▸ **Les hémorragies,** à la suite d'un accident par exemple, doivent être stoppées immédiatement. Exercez une pression sur la plaie avec un doigt ou de la ouate hémostatique que vous trouverez en pharmacie. Plusieurs minutes peuvent s'écouler avant que le saignement s'arrête.

▸ **Le charbon** peut s'avérer utile en cas de diarrhée et autres troubles digestifs.

▸ **Le bec et les griffes**
Une croissance anormale du bec et des griffes n'est pas la conséquence d'une maladie, mais plutôt d'une usure insuffisante. Donnez-lui suffisamment d'objets à gruger. Les briques sont bien adaptées. Les corrections nécessaires doivent être effectuées par un spécialiste.

À SAVOIR

La mue

La mue n'est pas une maladie.
Beaucoup d'air frais, un taux d'humidité élevé, une alimentation saine, des protéines deux fois par semaine et le moins de stress possible aident l'oiseau à passer ce cap.

La reproduction

Si vous détenez un couple, réfléchissez bien avant de le laisser se reproduire, car il vous faudra trouver un foyer pour accueillir les petits.

Les aspects réglementaires

Un certain nombre d'espèces d'oiseaux élevées en captivité depuis très longtemps ont été classées parmi les espèces domestiques par l'arrêté du 11 août 2006. Les canaris, les perruches ondulées et les perruches calopsittes, qui sont élevées depuis plus d'un siècle en Europe et ne sont plus exportées de leur pays d'origine, en font naturellement partie. La détention et l'élevage de ces oiseaux ne sont soumis à aucune réglementation. Les oiseaux peuvent être vendus de particulier à particulier ou dans le cadre d'expositions organisées par les associations d'éleveurs.

- **Pour obtenir des bagues,** il suffit de s'inscrire auprès d'une association d'éleveurs et de les commander.
- **En Suisse,** outre les dispositions générales relatives à la protection des animaux, l'élevage des perruches ondulées n'est soumis à aucune réglementation particulière.

Faire reproduire ses ondulées

Dans la nature, les perruches ondulées nichent dans les creux des troncs. Par chance, il n'est pas nécessaire de fournir aux oiseaux une reproduction exacte de ces trous. Ils se satisfont des nichoirs que l'on trouve en animalerie. Les nichoirs horizontaux sont plus adaptés que les nichoirs verticaux.

- **Contrairement à beaucoup d'autres perroquets,** la femelle ne met rien au fond du nid. Si vous lui mettez de la litière, elle jettera tout dehors la plupart du temps. Un simple creux lui suffit.

Le nourrissage mutuel fait partie de la parade amoureuse. Le mâle nourrit également sa femelle pendant la couvaison et après l'éclosion des œufs.

La couvaison

Théoriquement, les perruches peuvent se reproduire à n'importe quel moment de l'année. Les oiseaux sont habitués à saisir n'importe quelle opportunité et ne privilégient donc pas une saison en particulier. Seule exception, ils ne se reproduisent pas pendant la mue. Le moment venu, le mâle se montre très agité et fait la cour à la femelle. Cette dernière choisit un endroit pour pondre ou s'installe dans le nichoir prévu à cet effet.

▸ **La femelle** pond un œuf tous les deux jours, et commence à couver dès le premier. Une couvée compte en moyenne cinq œufs, ce qui signifie que le premier né sera déjà fort et aura les yeux ouverts quand le dernier œuf éclora. Malgré cette différence, aucun perruchon n'est désavantagé. Pendant les deux premiers jours, la mère les nourrit avec du lait de jabot (une sécrétion spéciale qui se forme dans le jabot). Dès le début de la couvaison, le mâle nourrit la femelle. Une fois que les perruchons sont nés, le mâle continue de nourrir la femelle à l'entrée du nid, et cette dernière nourrit les petits. Au bout de deux semaines environ, le mâle entre dans le nid et nourrit lui-même les petits.

▸ **Contrôlez l'intérieur du nid** dès la première éclosion lorsque la femelle le quitte pour faire ses besoins. Un petit peut être mort ou avoir les pattes souillées par les fientes, auquel cas il faut le nettoyer.

Pour élever leur progéniture, *les perruches ont besoin d'une bonne ration de pâtée d'élevage et de graines germées.*

Naissances
chez les ondulées

Environ 18 jours s'écoulent avant que les minuscules perruchons déplumés sortent de leur œuf. Les premières plumes font rapidement leur apparition. Dès lors, il ne faut plus attendre très longtemps avant que les oiseaux prennent leur premier envol.

Pour que les jeunes perruches deviennent des adultes robustes et en bonne santé, les parents doivent recevoir une bonne pâtée d'élevage en plus de leurs graines pendant la couvaison. Vous pouvez économiser du temps et des efforts en achetant de la pâtée toute prête en animalerie, et l'améliorer en y ajoutant du jaune d'œuf cuit écrasé, du fromage blanc sec et des carottes finement râpées. Il est également recommandé de donner aux perruches un mélange de minéraux et de vitamines sous forme de poudre. Enfin, les graines germées (page 37) sont essentielles. Les parents doivent en recevoir plusieurs fois par jour.

1 **La ponte.** La perruche ondulée pond en moyenne cinq œufs, mais elle peut parfois en pondre dix ! Seule la femelle couve, le mâle se contente de la nourrir. La femelle prend soin de retourner chaque œuf plusieurs fois par jour, ce qui lui permet de chauffer ses œufs de manière optimale. Elle ne doit pas être dérangée pendant la couvaison. Ne touchez surtout pas aux œufs, vous les abîmeriez !

2

L'éclosion. Le perruchon brise la coquille à l'aide du « diamant », une sorte de dent placée sur son bec, ce qui lui demande beaucoup d'efforts. S'il n'y parvient pas tout seul, sa mère l'aide. Les petits ont encore les yeux fermés, sont entièrement nus et pèsent déjà plus de deux grammes. Sans la chaleur et les soins de leur mère, ils seraient perdus. Ils sont nourris de graines prédigérées.

3

Prêts à quitter le nid. Après environ 12 jours, les perruchons pèsent dix fois leur poids de naissance et sont couverts de duvet. Vers l'âge de cinq semaines, ils quittent le nid. Ils possèdent de grands yeux entièrement noirs, un bec sombre et un dessin assez dilué. Ils prennent leurs premières leçons de vol. Auparavant, ils ont renforcé leur musculature en battant des ailes. Le père s'occupe encore une à deux semaines de sa progéniture, avant qu'elle prenne son indépendance.

Coin infos

Magazines

▸ **La revue des oiseaux exotiques**
Revue mensuelle éditée par le Club national des Éleveurs amateurs d'Oiseaux exotiques (CDE).

▸ **Les Oiseaux du Monde**
Revue mensuelle éditée par l'Union ornithologique de France (UOF COM France).

▸ **L'Envol**
Revue mensuelle éditée par la Fédération française d'Ornithologie (FFO).

▸ **Le Monde des Oiseaux**
Revue mensuelle éditée par l'Association royale ornithologique de Belgique (AOB).

Réalisation

▸ **L'auteur.** Le professeur Kurt Kolar, zoologue et comportementaliste, élève des perroquets de différentes espèces depuis plus de trente ans. Il a été directeur adjoint du zoo de Schönbrunn, à Vienne, et président d'une organisation autrichienne de protection des animaux et de la nature.

▸ **La photographe.** Regina Kuhn est une photographe et auteure indépendante possédant de nombreuses années d'expérience dans la photographie animalière.

▸ **La maison d'édition et la photographe** remercient Sandra Meixner, d'Esslingen, Karin, Carolin et Kasper Ruopp ainsi que Hannes Kuhn, de Stuttgart, pour leur soutien amical lors des prises de vue.

Crédits photographiques

▸ **Regina Kuhn** a réalisé l'ensemble des photographies de l'intérieur et de la couverture sauf celle de la page 11, de **Juniors Tierbildarchiv.**

L'édition originale de ce titre a été publiée en allemand sous le titre « Wellensittiche » © 2006, Stuttgart (Hohenheim).

Traduit de l'allemand par : Caroline Lelong (Carpe Sensum).

24, rue de Mogador
75009 Paris
Tél. : 01 48 05 03 03
Fax : 01 48 05 02 04
Internet : www.editions-ulmer.fr

Réalisation : Bénédicte Dumont
Suivi éditorial : Raphaèle Dorniol
Impression : Alcione, Trento
Printed in Italy

Dépôt légal : novembre 2010

ISBN : 978-2-84138-487-7
N° d'édition : 487-03

Associations d'éleveurs

- Club des éleveurs amateurs d'oiseaux exotiques (CDE)
http://www.clubcde.com/

- Fédération française d'Ornithologie (FFO)
http://www.ffo.asso.fr

- Union ornithologique de France (UOF COM France)
http://www.uof.asso.fr/

- Association française de l'Ondulée (AFO)
http://www.afoondulees.fr

Responsabilité

L'auteur et l'éditeur se sont efforcés d'apporter les informations les plus fiables possibles. Des erreurs ne peuvent toutefois être totalement exclues. Aucune garantie quant à l'exactitude des informations ne peut donc être donnée. Leur responsabilité pour les dommages éventuels qui pourraient en résulter ne pourra être juridiquement invoquée.

Index

Abreuvoir 25
Adaptation 29
Âge 16
Agilité 13
Aliments frais 36
Alinos 15
Alpiste 34
Apprentissage du langage 42, 43
Arbre à perruches 38
Avoine 34

Bagues 56
Baignoire 48
Bain 49
Balançoire 39
Bec 55
Boîte de transport 26
Branches 24

Cage 22, 48
– emplacement 23, 26
Calcium 35
Carottes 40
Communication 11
Compléments alimentaires 51
Comportement 30
Couple 13, 31, 49
Couvaison 57

Eau 35

Femelle 16
Fientes 48, 50
Fracture 53
Friandises 34

Goutte articulaire 53
Graines 16, 34
Graines germées 37
Gravier 35
Griffes 55
Groupe 51

Habitat naturel 8
Hygiène 48

Inflammation du jabot 52
Inséparables 33

Jeux 40, 41
Jouets 38, 39

Langage 31

Mal de ponte 53
Mâle 16
Mangeoire 23, 25
Millet 34, 35, 40
Mue 55
Mutations 14

Nez 11
Nid 8, 57
Nourriture 55
Nourriture : quantités 37

Oiseaux factices 39
Oreilles 11

Panachage intense 15
Panachage léger 14
Parasites 50
Perchoir 24
Perruches calopsittes 33
Perruchon 58, 59
Plumage 30
Ponte 58
Poux rouges 51
Préparations vitaminées 37
Protéines 51
Psittacose 53

Relations avec les congénères 31
Repas 12, 30
Rhume 52

Sable 25, 35
Sens 10, 11
Sommeil 30

Température corporelle 30
Traitement par la chaleur 54
Troubles digestifs 52
Tumeurs 53

Vacances 28
Vol en liberté 22, 44
Vol en liberté : dangers 45
Volière d'extérieur 25
Volière d'intérieur 22

Yeux 10

D’autres ouvrages aux éditions Ulmer

CANARIS
48 pages
ISBN : 978-2-84138-488-4
7,50 €

PERRUCHES CALOPSITTES
48 pages
ISBN : 978-2-84138-486-0
7,50 €

LES INSÉPARABLES

96 pages
ISBN : 978-2-84138-191-9
14,95 €

LES PETITS OISEAUX EXOTIQUES
96 pages
ISBN : 2-84138-212-5
14,95 €

LE PERROQUET GRIS DU GABON
96 pages
ISBN : 2-84138-190-0
14,95 €

Le coin des enfants

Supers perruches

Il se passe toujours quelque chose chez nos amies les perruches ! Il est très amusant de les observer partir à la découverte du monde.

Quelle sensation produit une perruche perchée sur ta tête ? Cela chatouille un peu, et parfois cela pique également. Si tes petits amis sont très familiers, ils viendront certainement te mordiller l'oreille ou lisser tes cheveux. C'est une véritable preuve d'amitié ! Toutefois, tu dois d'abord mériter leur confiance.